First Words
ENGLISH-FRENCH

Premiers mots
FRANÇAIS-ANGLAIS

ISBN 978-1-84135-798-0

Illustrated by Terry Burton
Additional illustrations by Angela Hicks

First published 2004
This edition first published 2011

Published by Award Publications Limited,
The Old Riding School, The Welbeck Estate,
Worksop, Nottinghamshire, S80 3LR

11 1

Printed in China

First Words
ENGLISH-FRENCH

Premiers mots
FRANÇAIS-ANGLAIS

AWARD PUBLICATIONS LIMITED

Contents
Table des matières

The Family
La famille

father
le père

mother
la mère

daughter
la fille

son
le fils

brother
le frère

sister
la sœur

grandpa
le grand-père

grandma
la grand-mère

aunt
la tante

uncle
l'oncle

cousin
le cousin

cousin
la cousine

Body Parts
Les parties du corps

head
la tête

face
le visage

ear
l'oreille

neck
le cou

back
le dos

thumb
le pouce

bottom
le derrière

finger
le doigt

ankle
la cheville

foot
le pied

heel
le talon

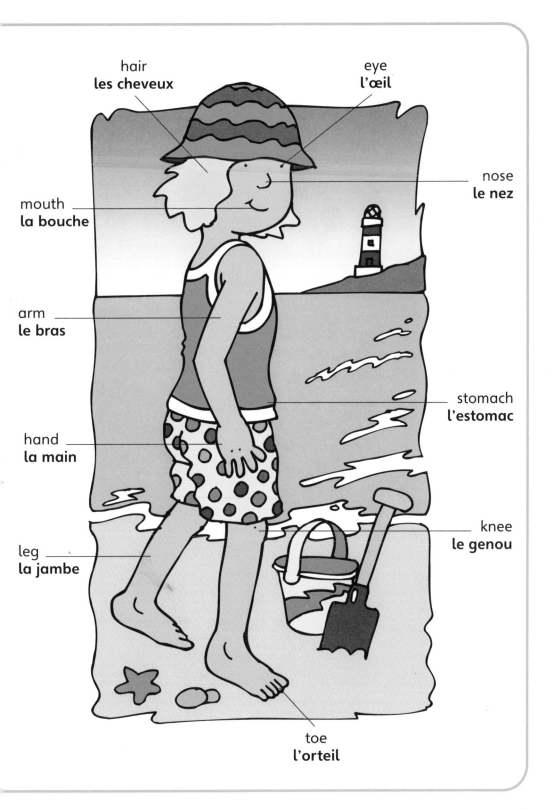

hair
les cheveux

eye
l'œil

nose
le nez

mouth
la bouche

arm
le bras

stomach
l'estomac

hand
la main

leg
la jambe

knee
le genou

toe
l'orteil

Clothes
Les habits

hat
le chapeau

coat
le manteau

scarf
l'écharpe

trousers
le pantalon

shorts
le short

dungarees
la salopette

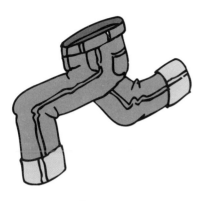

jeans
le jean

shirt
la chemise

T-shirt
le tee-shirt

skirt
la jupe

dress
la robe

sweater
le pull-over

gloves
les gants

belt
la ceinture

tie
la cravate

glasses
les lunettes

sunglasses
les lunettes de soleil

watch
la montre

Footwear
Pour les pieds

socks
les chaussettes

shoes
les chaussures

boots
les bottes

sandals
les sandales

sports shoes
les baskets

slippers
les pantoufles

The House
La maison

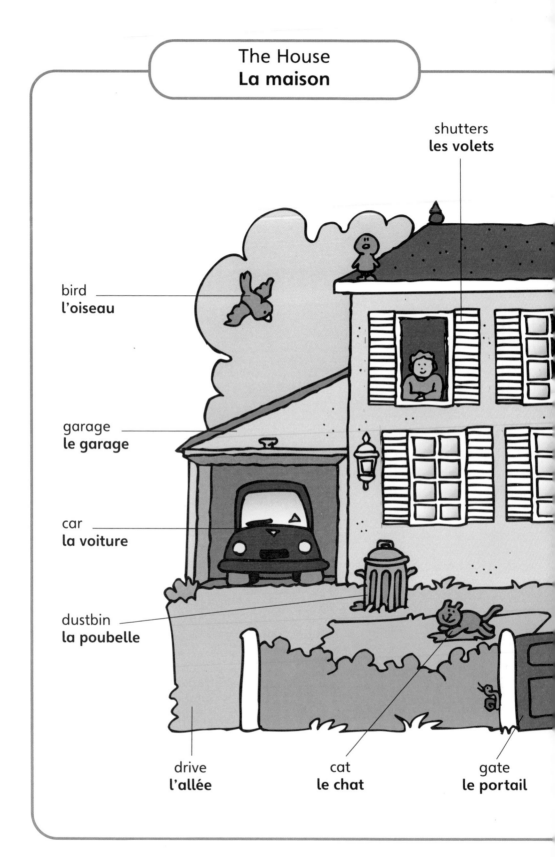

shutters
les volets

bird
l'oiseau

garage
le garage

car
la voiture

dustbin
la poubelle

drive
l'allée

cat
le chat

gate
le portail

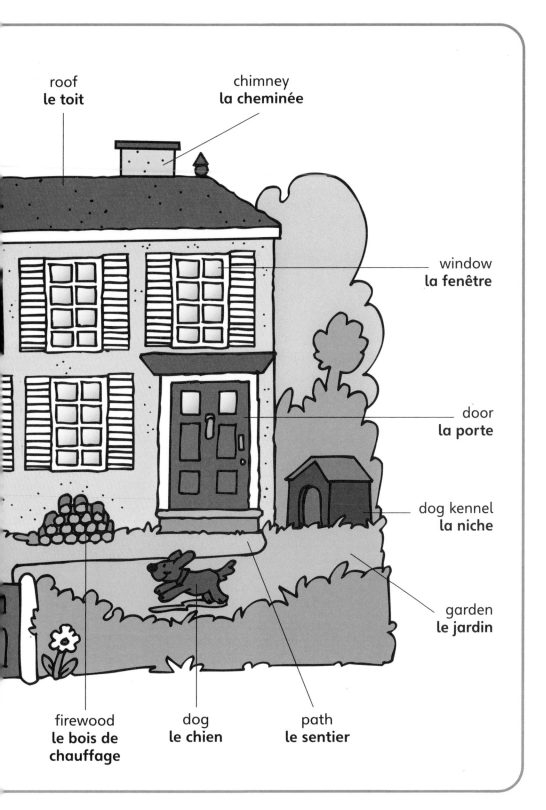

roof
le toit

chimney
la cheminée

window
la fenêtre

door
la porte

dog kennel
la niche

garden
le jardin

firewood
le bois de chauffage

dog
le chien

path
le sentier

The Living Room
Le salon

armchair
le fauteuil

sofa
le canapé

fireplace
la cheminée

cupboard
le placard

television
la télévision

stereo
la chaîne hi-fi

photograph
la photo

cushion
le coussin

lamp
la lampe

carpet
la moquette

17

The Dining Room
La salle à manger

chair
la chaise

high chair
la chaise haute

table
la table

vase of flowers
le vase de fleurs

cup
la tasse

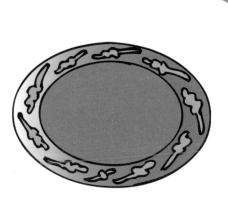

plate
l'assiette

knife
le couteau

fork
la fourchette

spoon
la cuillère

salt and pepper
le sel et le poivre

The Kitchen
La cuisine

oven
le four

sink
l'évier

washing machine
la machine à laver

fridge
le frigo

microwave oven
le four à micro-ondes

kettle
la bouilloire

saucepan
la casserole

toaster
le grille-pain

radio
la radio

stool
le tabouret

The Bedroom
La chambre

bed
le lit

duvet
la couette

pillow
l'oreiller

dressing gown
la robe de chambre

alarm clock
le réveil

toys
les jouets

shelf
l'étagère

mirror
le miroir

chest of drawers
la commode

wardrobe
l'armoire

The Bathroom
La salle de bains

brush
la brosse à cheveux

comb
le peigne

toothbrush
la brosse à dents

toothpaste
le dentifrice

soap
le savon

towel
la serviette

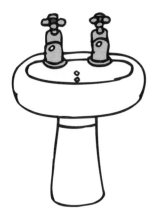

washbasin
le lavabo

shower
la douche

toilet
les toilettes

bath
la baignoire

The Hall
Le hall d'entrée

stairs
l'escalier

telephone
le téléphone

hook
le crochet

hatstand
le portemanteau

front door
la porte d'entrée

doormat
le paillasson

The Office
Le bureau

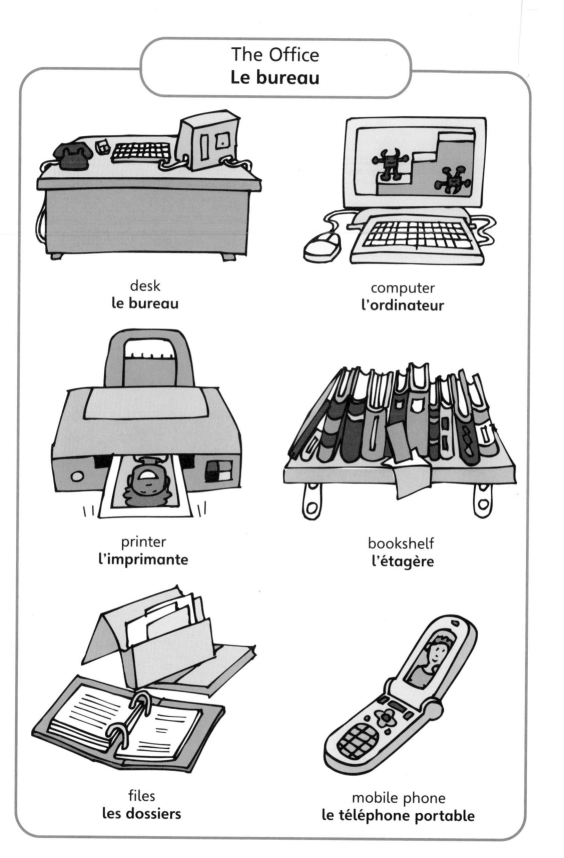

desk
le bureau

computer
l'ordinateur

printer
l'imprimante

bookshelf
l'étagère

files
les dossiers

mobile phone
le téléphone portable

27

The Garden
Le jardin

neighbour
le voisin

swing
la balançoire

hedge
la haie

bucket
le seau

garden hose
**le tuyau
d'arrosage**

flowers
les fleurs

pond
le bassin

grass
l'herbe

barbecue
le barbecue

shed
la cabane à outils

ladder
l'échelle

tree
l'arbre

greenhouse
la serre

flowerpot
le pot de fleurs

vegetables
les légumes

spade
la pelle

gardener
le jardinier

wheelbarrow
la brouette

bonfire
le feu de jardin

The Town
La ville

shops
les magasins

library
la bibliothèque

museum
le musée

swimming pool
la piscine

school
l'école

factory
l'usine

cinema
le cinéma

theatre
le théâtre

car park
le parking

railway station
la gare

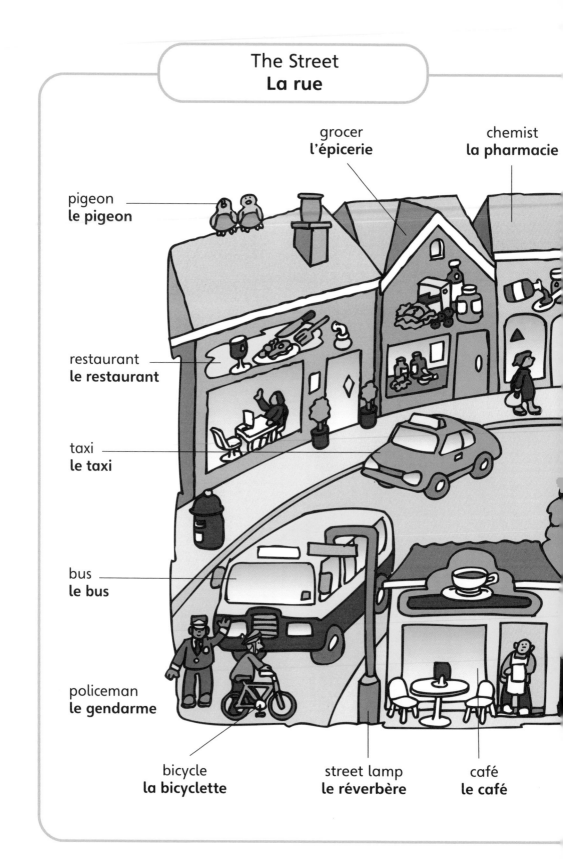

grocer
l'épicerie

chemist
la pharmacie

pigeon
le pigeon

restaurant
le restaurant

taxi
le taxi

bus
le bus

policeman
le gendarme

bicycle
la bicyclette

street lamp
le réverbère

café
le café

baker
la boulangerie

newsagent
le marchand de journaux

post office
la poste

builder
la maçon

musician
le musicien

pedestrian
le piéton

butcher
la boucherie

zebra crossing
le passage piétons

The Park
Le jardin public

fountain
la fontaine

picnic
le pique-nique

lake
le lac

ducks
les canards

slide
le toboggan

see-saw
la bascule

flowers
les fleurs

bandstand
le kiosque à musique

park keeper
le gardien

bench
le banc

ward
la salle d'hôpital

doctor
le médecin

patient
le malade

nurse
l'infirmière

ambulance
l'ambulance

medicine
les médicaments

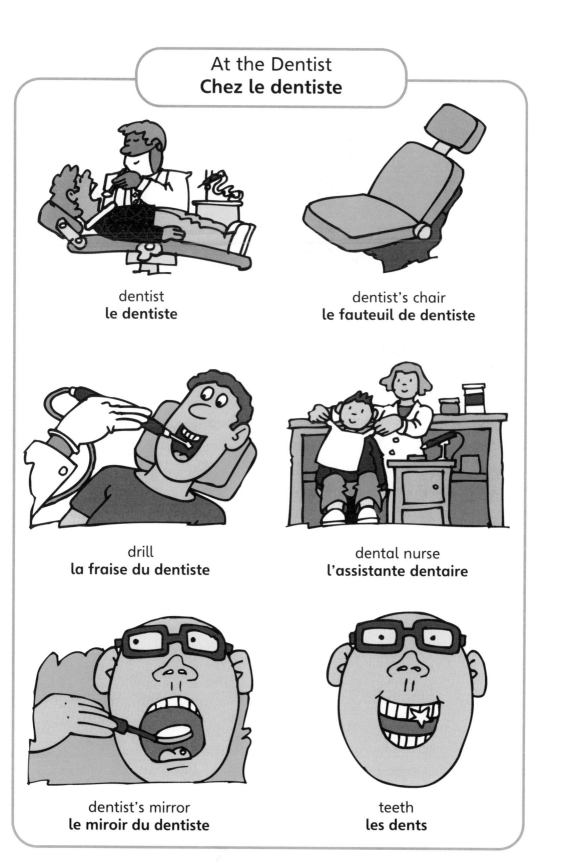

At the Dentist
Chez le dentiste

dentist
le dentiste

dentist's chair
le fauteuil de dentiste

drill
la fraise du dentiste

dental nurse
l'assistante dentaire

dentist's mirror
le miroir du dentiste

teeth
les dents

The Classroom
La salle de classe

teacher
le maître

pupils
les élèves

computer
l'ordinateur

book
le livre

calculator
la calculatrice

felt-tip pens
les feutres

pencils
les crayons

paper
le papier

paints
les peintures

painting
le tableau

scissors
les ciseaux

ruler
la règle

39

The Restaurant
Le restaurant

chef
le chef cuisinier

waiter
le serveur

waitress
la serveuse

tray
le plateau

glasses
les verres

meal
le repas

The Supermarket
Le supermarché

trolley
le chariot

cans
les boîtes de conserve

basket
le panier

shop assistant
la vendeuse

checkout
la caisse

money
l'argent

Food
La nourriture

cheese
le fromage

bread
le pain

fish
le poisson

meat
la viande

cereal
les céréales

eggs
les œufs

Drinks
Les boissons

mineral water
l'eau minérale

milk
le lait

fruit juice
le jus de fruit

fizzy drinks
les boissons gazeuses

coffee
le café

tea
le thé

Fruit
Les fruits

apple
la pomme

banana
la banane

grapes
les raisins

orange
l'orange

strawberry
la fraise

pineapple
l'ananas

Vegetables
Les légumes

onions
les oignons

potatoes
les pommes de terre

green beans
les haricots verts

cabbage
le chou

carrots
les carottes

corn
le maïs

cracker
le pétard

chocolates
les chocolats

balloons
les ballons

paper hat
**le chapeau
en papier**

pasta
les pâtes

burgers
les hamburgers

guest
l'invité

pizza
la pizza

lemonade
la limonade

cake
le gâteau

candles
les bougies

magician
le magicien

ice cream
la glace

presents
les cadeaux

sandwiches
les sandwiches

birthday cards
les cartes d'anniversaire

Jobs
Les emplois

teacher
la maîtresse

firefighters
les pompiers

scientist
la scientifique

clown
le clown

carpenter
le charpentier

baker
le boulanger

fisherman
le pêcheur

office worker
l'employé de bureau

pilot
le pilote

vet
la vétérinaire

astronaut
l'astronaute

policeman
le gendarme

49

golf
le golf

showjumping
le concours hippique

gymnastics
la gymnastique

judo
le judo

skiing
le ski

swimming
la natation

football
le football

cricket
le cricket

tennis
le tennis

baseball
le base-ball

skateboarding
la planche à roulettes

athletics
l'athlétisme

Pastimes
Les passe-temps

painting
la peinture

singing
le chant

reading
la lecture

dancing
la danse

camping
le camping

cycling
le cyclisme

Games and Toys
Les jeux et les jouets

jigsaw puzzle
le puzzle

ball
le ballon

board game
le jeu de société

computer game
le jeu électronique

doll
la poupée

teddy bear
l'ours en peluche

Musical Instruments
Les instruments de musique

piano
le piano

guitar
la guitare

cymbals
les cymbales

drums
les tambours

triangle
le triangle

tambourine
le tambourin

trumpet
la trompette

orchestra
l'orchestre

violin
le violon

harp
la harpe

clarinet
la clarinette

recorder
la flûte à bec

The Countryside
La campagne

village
le village

mountains
les montagnes

forest
la forêt

footpath
le sentier

waterfall
la cascade

river
la rivière

Plants
Les plantes

fruit tree
l'arbre fruitier

palm tree
le palmier

bush
le buisson

cactus
le cactus

flowers
les fleurs

seeds
les graines

Wild Animals
Les animaux sauvages

wolf
le loup

fox
le renard

deer
la biche

badger
le blaireau

otter
la loutre

hare
le lièvre

squirrel
l'écureuil

mouse
la souris

bat
la chauve-souris

mole
la taupe

snail
l'escargot

caterpillars
les chenilles

The Wildlife Park
La réserve naturelle

vulture
le vautour

antelope
l'antilope

giraffe
la girafe

tiger
le tigre

monkey
le singe

leopard
le léopard

gorilla
le gorille

crocodile
le crocodile

hippopotamus
l'hippopotame

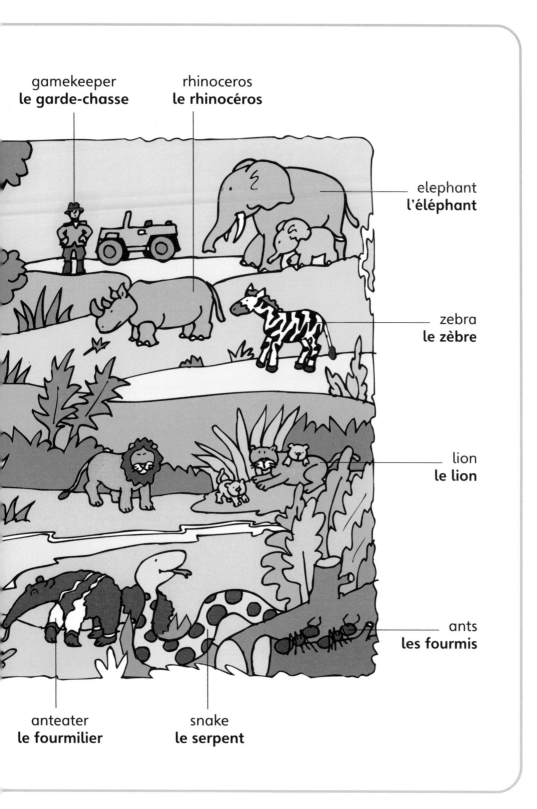

gamekeeper
le garde-chasse

rhinoceros
le rhinocéros

elephant
l'éléphant

zebra
le zèbre

lion
le lion

ants
les fourmis

anteater
le fourmilier

snake
le serpent

Farm Animals
Les animaux de la ferme

cow
la vache

pig
le cochon

donkey
l'âne

sheep
le mouton

goat
la chèvre

horse
le cheval

The Farm
La ferme

farmer
le fermier

fence
la barrière

stable
l'écurie

tractor
le tracteur

cart
le chariot

harvest
la moisson

Pets
Les animaux domestiques

dog
le chien

puppy
le chiot

cat
le chat

kitten
le chaton

horse
le cheval

rabbit
le lapin

hamster
le hamster

guinea pig
le cochon d'Inde

budgie
la perruche

goldfish
le poisson rouge

rat
le rat

tarantula
la tarentule

Birds
Les oiseaux

eagle
l'aigle

owl
le hibou

gull
la mouette

robin
le rouge-gorge

parrot
le perroquet

swan and cygnets
le cygne et les jeune cygnes

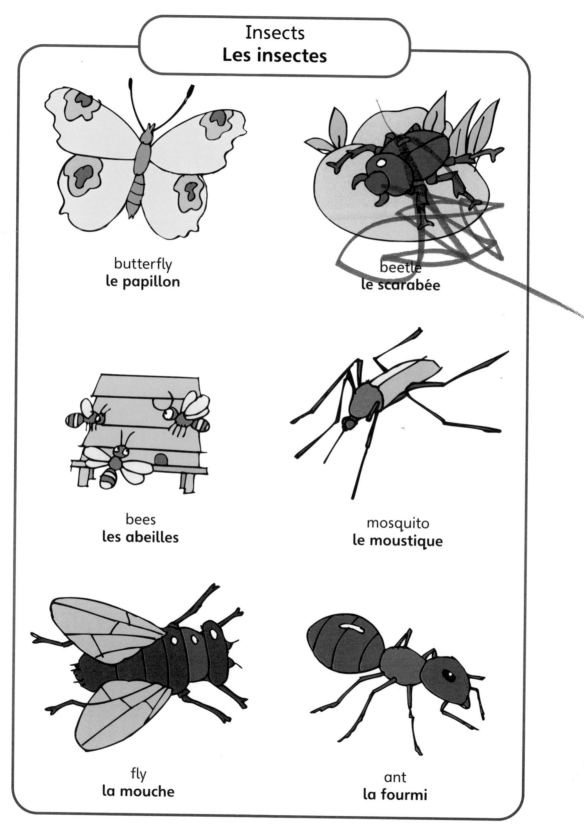

Insects
Les insectes

butterfly
le papillon

beetle
le scarabée

bees
les abeilles

mosquito
le moustique

fly
la mouche

ant
la fourmi

Les reptiles

lizard
le lézard

snake
le serpent

tortoise
la tortue

turtle
la tortue de mer

crocodile
le crocodile

dinosaur
le dinosaure

Sealife
La vie maritime

fish
le poisson

starfish
l'étoile de mer

octopus
la pieuvre

seal
le phoque

whale
la baleine

shark
le requin

The Seaside
Le bord de mer

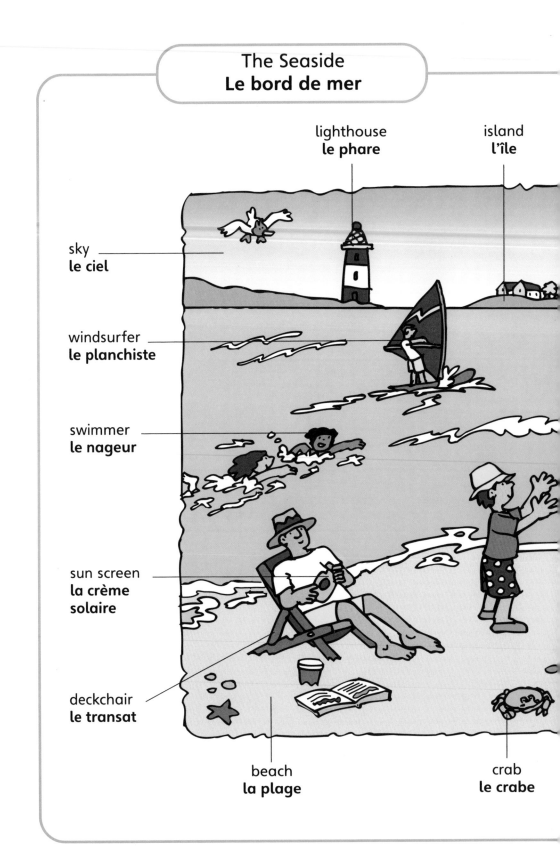

lighthouse
le phare

island
l'île

sky
le ciel

windsurfer
le planchiste

swimmer
le nageur

sun screen
la crème solaire

deckchair
le transat

beach
la plage

crab
le crabe

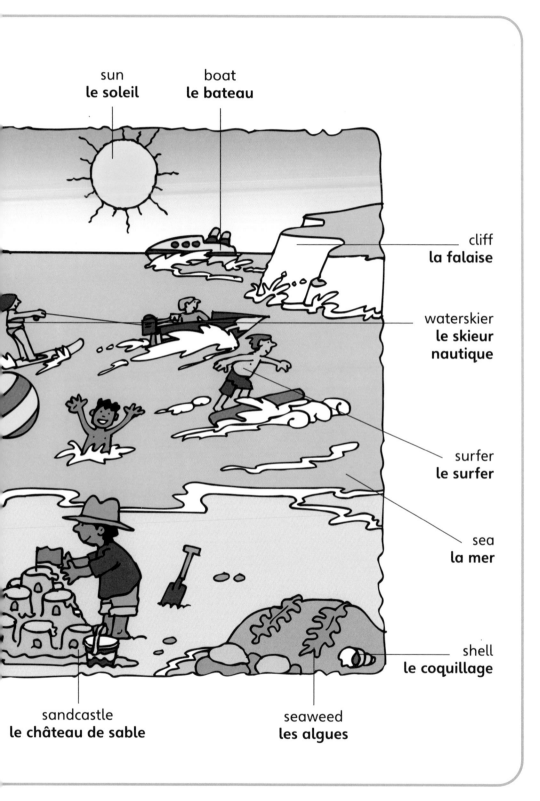

sun
le soleil

boat
le bateau

cliff
la falaise

waterskier
le skieur nautique

surfer
le surfer

sea
la mer

shell
le coquillage

sandcastle
le château de sable

seaweed
les algues

Le transport

car
la voiture

bus
l'autobus

truck
le camion

ambulance
l'ambulance

motorbike
la moto

bicycle
la bicyclette

train
le train

ship
le bateau

aeroplane
l'avion

helicopter
l'hélicoptère

yacht
le voilier

canoe
le canoë

spring
le printemps

summer
l'été

autumn
l'automne

winter
l'hiver

sunshine
le soleil

cloud
le nuage

rainbow
l'arc-en-ciel

rain
la pluie

fog
le brouillard

lightning
l'éclair

ice
la glace

snow
la neige

Days of the Week
Les jours de la semaine

Monday
lundi

Tuesday
mardi

Wednesday
mercredi

Thursday
jeudi

Friday
vendredi

Saturday
samedi

Sunday
dimanche

January
janvier

February
février

March
mars

April
avril

May
mai

June
juin

July
juillet

August
août

September
septembre

October
octobre

November
novembre

December
décembre

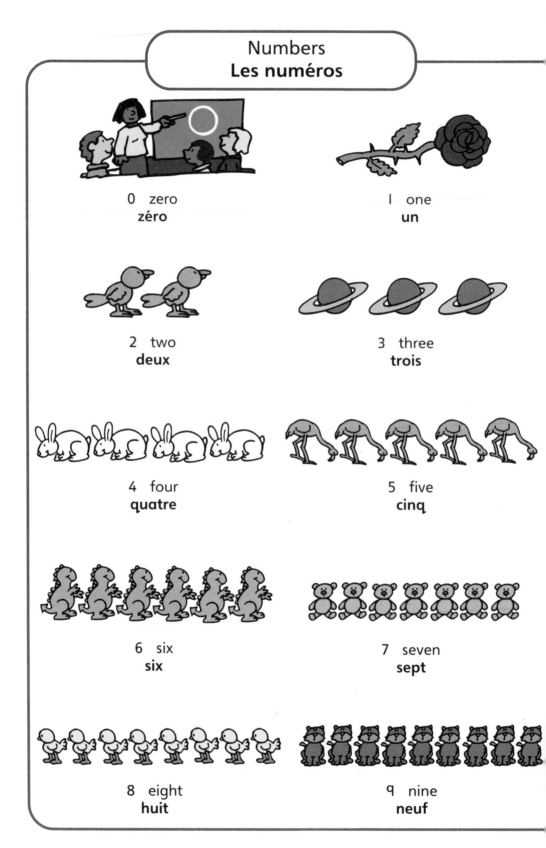

Numbers
Les numéros

0 zero
zéro

1 one
un

2 two
deux

3 three
trois

4 four
quatre

5 five
cinq

6 six
six

7 seven
sept

8 eight
huit

9 nine
neuf

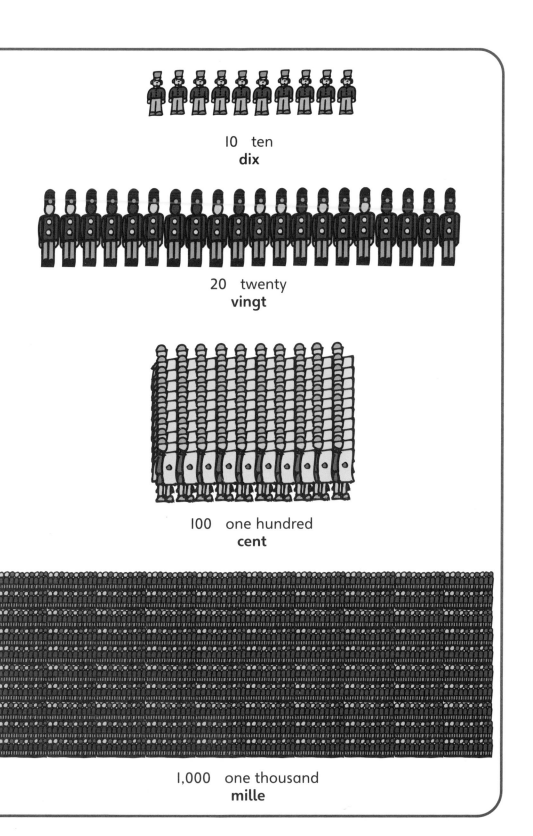

10   ten
dix

20   twenty
vingt

100   one hundred
cent

1,000   one thousand
mille

Time
Le temps

morning
le matin

afternoon
l'après-midi

evening
le soir

night-time
la nuit

daytime
le jour

noon/midnight
midi/minuit

What time is it?
Quelle heure est-il?

It is one o'clock.
Il est une heure.

one o'clock
une heure

quarter past one
une heure et quart

half past one
une heure et demie

quarter to one
une heure moins le quart

Colours and Shapes
Les couleurs et les formes

red
rouge

orange
orange

purple
violet

yellow
jaune

blue
bleu

green
vert

black
noir

white
blanc

grey
gris

pink
rose

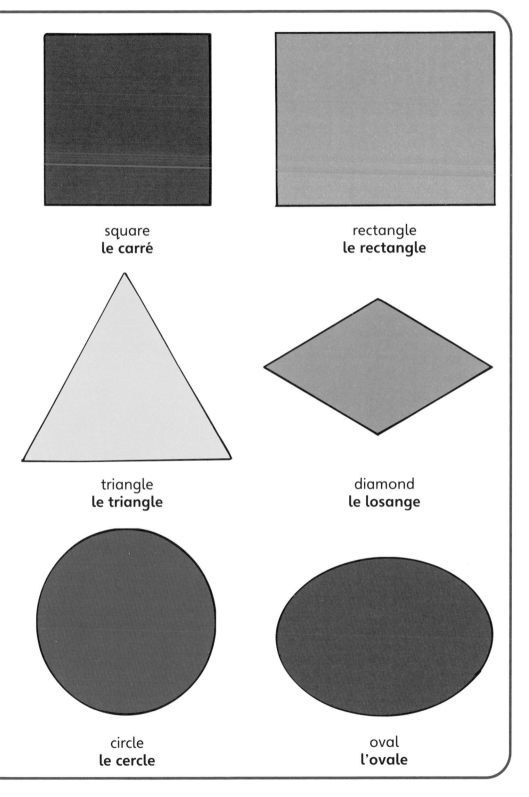

square
le carré

rectangle
le rectangle

triangle
le triangle

diamond
le losange

circle
le cercle

oval
l'ovale

large
grand

small
petit

fat
gros

thin
maigre

fast
rapide

slow
lent

dry
sec

wet
mouillé

hot
chaud

cold
froid

happy
heureux

sad
triste

Where Is It?
Où est-ce que c'est?

on
sur

under
sous

in
dans

out
dehors

left
à gauche

right
à droite

en-haut

low
en-bas

above
au-dessus

below
en-dessous

in front
devant

behind
derrière

Hello.
Bonjour.

Goodbye.
Au revoir.

How are you?
Comment vas-tu?

Very well, thank you.
Très bien merci.

What is your name?
Comment tu t'appelles?

My name is Peter.
Je m'appelle Peter.

How old are you?
Quel âge as-tu?

I am five years old.
J'ai cinq ans.

Where do you live?
Où est-ce que tu habites?

I live in England.
J'habite en Angleterre.

Where do you live?
Où est-ce que tu habites?

I live in France.
J'habite en France.

T-shirt 11
table 18
tambourine 54
tarantula 65
taxi 32
tea 43
teacher 38, 48
teddy bear 53
teeth 37
telephone 26
television 17
tennis 51
theatre 31
thin 86
thumb 8
tie 12
tiger 60
time 82, 83
toaster 21
toe 9
toilet 25
toothbrush 24
toothpaste 24
tortoise 68
towel 25
town 30, 31
toys 23, 53
tractor 63
train 73
transport 72, 73
tray 40
tree 29
triangle 54
trolley 41
trousers 10
truck 72
trumpet 55
turtle 68

uncle 7
under 88

vase of flowers 18
vegetables 29, 45
vet 49
village 56
violin 55
vulture 60

waiter 40
waitress 40
ward 36
wardrobe 23
washbasin 25
washing machine
    20
watch 12
waterfall 56

waterskier 71
weather 74, 75
week 76, 77
wet 87
whale 69
wheelbarrow 29
wild animals 58, 59
wildlife park 60, 61
window 15
windsurfer 70
winter 74
wolf 58

yacht 73

zebra 61
zebra crossing 33

FRENCH INDEX
INDEX FRANÇAIS

abeilles 67
aigle 66
algues 71
allée 14
ambulance 36, 72
ananas 44
âne 62
animaux de la
    ferme 62
animaux
    domestiques 64,
    65
animaux sauvages
    58, 59
antilope 60
après-midi 82
arbre 29
arbre fruitier 57
arc-en-ciel 75
argent 41
armoire 23
assiette 19
assistante dentaire
    37
astronaute 49
athlétisme 51
au-dessus 89
autobus 72
automne 74
avion 73

baignoire 25
balançoire 28
baleine 69
ballon 53,
ballons 46
banane 44
banc 35
barbecue 28
barrière 63
bascule 35
base-ball 51
baskets 13
bassin 28
bateau 71, 73
bibliothèque 30
biche 58
bicyclette 32, 72
blaireau 58
bois de chauffage
    15
boissons gazeuses
    43
boîtes de conserve
    41

bord de mer 70
bottes 13
bouche 9
boucherie 33
bougies 47
bouilloire 21
boulanger 48
boulangerie 33
bras 9
brosse à cheveux 24
brosse à dents 24
brouette 29
brouillard 75
buisson 57
bureau 27
bus 32

cabane à outils 29
cactus 57
cadeaux 47
café 32, 43
caisse 41
calculatrice 38
camion 72
campagne 56
camping 52
canapé 16
canards 34
canoë 73
carottes 45
carré 85
cartes d'anniversaire
    47
cascade 56
casserole 21
ceinture 12
cercle 85
céréales 42
chaîne hi-fi 17
chaise 18
chaise haute 18
chambre 22, 23
chant 52
chapeau 10
chapeau en papier
    46
chariot 41, 63
charpentier 48
chat 14, 64
château de sable 71
chaton 64
chaud 87
chaussettes 13
chaussures 13
chauve-souris 59
chef cuisinier 40
cheminée 15, 16
chemise 11